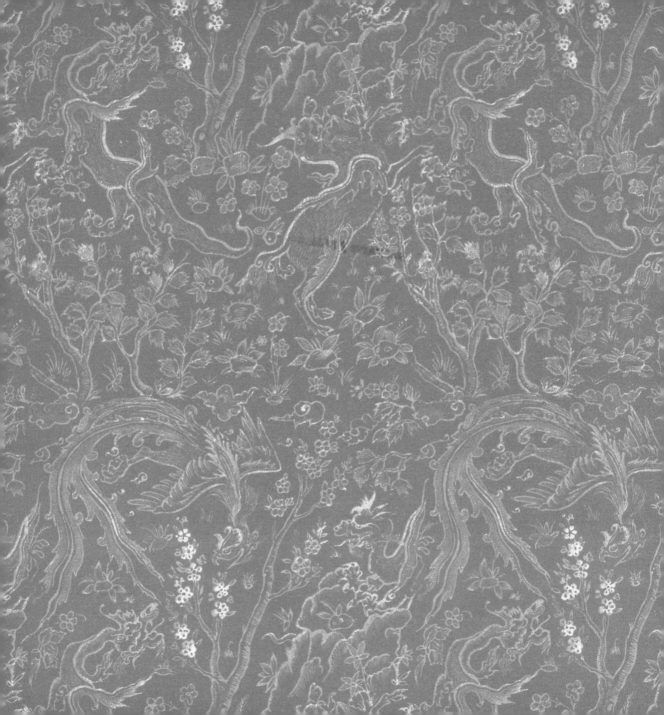

Kim Yaroshevskaya *Mon voyage en Amérique*

Les Éditions du Boréal
4447, rue Saint-Denis
Montréal (Québec) H2J 2L2
www.editionsboreal.qc.ca

Kim Yaroshevskaya

Mon voyage en Amérique

BORÉAL

Conception graphique et mise en pages : Atelier Chinotto

© Les Éditions du Boréal 2017
Dépôt légal : 4ᵉ trimestre 2017
Bibliothèque et Archives nationales du Québec

Diffusion au Canada : Dimedia
Diffusion et distribution en Europe : Interforum

*Catalogage avant publication de Bibliothèque et Archives
nationales du Québec et Bibliothèque et Archives Canada*
Yaroshevskaya, Kim
    Mon voyage en Amérique
    ISBN 978-2-7646-2489-0
    1. Yaroshevskaya, Kim. 2. Fanfreluche (Émission
de télévision). 2. Actrices – Québec (Province) –
Biographies. 3. Femmes artistes canadiennes d'origine russe –
Québec (Province) – Biographies. I. Titre.
PN2308.Y27A3 2017   792.02'8092   C2017-941935-8

ISBN PAPIER 978-2-7646-2489-0
ISBN PDF 978-2-7646-3489-9

...............................192[ ]. г.   Delivré le .... 192[ ].

Москве   à   Moscou

...ИЯ О ПРЕДЪЯВИТЕЛЕ: SIGNALEMENT DU PORTEUR:

...ждения   1923г.   Lieu et date de naissance   1923

     г. Москва   Moscou

...ние   в брак не состоит   Etat de famille   pas mariée

ПРИМЕТЫ: SIGNES:

    Глаза   серые   Taille   Yeux   gris

...еши Волосы   брюнетка   Nez   ordinaire   Cheveux   bruns

                            Signes particuliers ....

...о Президиума ВЦИК   Л. Пööа

...м Отделом
...облисполкома

ЯВЛЕННЫЙ   24 МАЙ 1934   ЛЕНИНГРАД

...стоящий паспорт действителен:

...аз С.С.С.Р. до   13 июня   192[ ] г.

...р.-Погран.-Пропускной Пункт ....

...ное Билосово Ленинград

...цения обратно в С.С.С.Р. в течение срока

...аспорта через любой Контр.-Погран.-Про-

...нкт.

РСФСР

№ ПАС. 124607
№ РВ. 20682   20682 см. на

1.
Mon voyage en Amérique

C'était en 1934.
J'avais dix ans. Je vivais à Moscou. Mes parents étaient morts,
je vivais avec ma grand-mère.

J'adorais danser et nous avions quelques disques : la *Petite
Suite* de Debussy, et ah ! *Hopak,* de Moussorgski, mon préféré !
Et nous avions la grande bibliothèque de mon père, bourrée
de livres ! J'aimais lire, j'aimais chanter, j'allais à l'école, j'avais
des amis, j'adorais ma grand-mère.
Ma grand-mère était la mère de mon père.

Les parents de ma mère habitaient en Amérique. À New York.
Ils avaient quitté la Russie pendant la Révolution. Je ne les
connaissais que par leur photographie.
Ils souhaitaient que je vienne vivre avec eux, ils priaient ma
grand-mère de me laisser partir. Il n'en était pas question.

Mais ma grand-mère était malade. Toujours un peu plus…
Et, un jour, à contrecœur, elle m'a demandé : « Aimerais-tu
aller en Amérique ? »
Moi, voir les gratte-ciel, tout ça… J'ai pas dit non.

Mais l'URSS a dit Non.

La Russie s'appelait alors l'URSS, l'Union des républiques socialistes soviétiques, dont les citoyens n'avaient pas le droit de quitter le pays. On leur disait : « Vous n'avez aucune raison valable de partir. »

Dans mon cas, c'était pire : on a dit qu'on avait beaucoup investi en moi. Avant de vivre avec ma grand-mère, j'avais passé quelque temps dans un Детский Дом — *Dietski Dom* (foyer pour enfants, genre d'orphelinat) — et, depuis, je recevais une pension alimentaire et tout… On s'attendait à ce que, devenue adulte, je contribue par mon travail au bien-être de mon pays. Remboursant ainsi ma dette.

C'est notre Dietski Dom *où j'habite. Ici, il y a enfants de toutes les nations. C'est très bon ici. Votre Kim.*

Sur ce, mes grands-parents à New York, bien décidés à faire
venir leur petite-fille, ont offert de payer cette dette.
La somme exigée était considérable. Elle représentait
la compensation pour la perte d'une citoyenne de très
grande valeur.
Mes grands-parents, travaillant dans leur tout petit
commerce de tricots, ont fini par rassembler la somme. Et le
gouvernement soviétique m'a remis un beau passeport rouge
avec le visa de sortie bien estampillé.

Mais là, ce sont les USA qui ont dit Non. Les États-Unis d'Amérique.

Leur quota d'immigration était dépassé.

Ils avaient accueilli d'innombrables réfugiés pendant les bouleversements en Europe et pendant la Première Guerre mondiale, ils n'acceptaient plus personne.

Alors.

La sœur de ma mère, tante Sonia, que je ne connaissais pas, a proposé que je vienne vivre chez elle.

Tante Sonia, jeune médecin, empêchée par ce même quota de rejoindre ses parents à New York, s'était installée pas trop loin de là, à Montréal. Au Canada.

Bon, a dit ma grand-mère.

Elle a exigé que quelqu'un de la famille m'accompagne dans ce voyage, et c'est oncle Léon, le mari de tante Sonia, qui est venu à Moscou me chercher.

Oncle Léon s'est révélé un monsieur très sympathique.

Je l'ai tout de suite aimé. Et… on est partis.

La première étape du voyage était le départ en train.
Pour Leningrad (maintenant redevenu Saint-Pétersbourg).

Une automobile est venue nous chercher pour aller à la gare.
C'était la première fois que je montais dans une automobile.
Nous prenions toujours le tramway.
Cette automobile, c'était quelque chose. Décapotable.
Jaune, il me semble. On m'a fait asseoir sur la vaste banquette
arrière, dont le dossier était en forme de coquillage.
Je m'y sentais très mal à l'aise. J'imaginais mes copines, si elles
me voyaient, disant : « Pour qui elle se prend ! »

Et, tout à coup, voici le petit frère de l'une d'elles.
Il vient de s'accrocher à l'arrière de l'automobile, et il me
regarde intensément. Quel culot ! Je m'applique à ne pas
le voir.
Ce petit garçon s'appelait Oktiabrionok. Nommé ainsi en
l'honneur de la Révolution d'octobre. Tout comme mon
nom à moi était en l'honneur du parti politique Jeunesse
internationale communiste. En russe : Коммунистически
Интернационал Молодёжи, dont l'acronyme est
КИМ : KIM.

Pour revenir au petit Oktiabrionok,
quand le moteur de l'automobile s'est mis en marche,
il m'a lancé un regard désespéré et, sautant sur le trottoir,
il s'est mis à courir à côté de la voiture. À courir de plus en plus
vite, buté, déployant une force étonnante.
Surprise, touchée, je tournais un peu la tête pour le voir…
Jusqu'à ce que je ne l'aie plus vu.

Au train, près de notre wagon, il y avait un petit groupe de
proches. Au sifflet de la locomotive, je me suis précipitée dans
le wagon pour envoyer la main et des baisers par la fenêtre.
Mais voici l'oncle qui se met à manipuler des valises juste
devant la fenêtre ! Et le train est déjà en marche ! Aaah…

J'ai su, beaucoup plus tard, que mon oncle avait fait exprès.
Pour que je ne voie pas que ma grand-mère s'était évanouie.

Ma très chère grand-mère…
Nous vivions, à Moscou, dans une seule pièce. Avec le plus
strict nécessaire.
Une grosse malle en osier nous tenait lieu d'armoire à linge.
Là, parmi les effets les plus utilitaires, se trouvait l'unique
objet témoin de l'élégance de la vie de ma grand-mère avant
la Révolution.
C'était le plus bel objet qu'il m'avait été donné de voir. Une
petite pochette en soie ! En soie rouge vin, avec une doublure
bleu pâle. Et si douce au toucher… C'était un porte-mouchoir.
Avant des sorties importantes, comme aller au concert ou en
visite, ma grand-mère ouvrait la malle, en sortait cet objet
incroyable, en retirait un petit mouchoir bien propre et me
le tendait. Avec la recommandation de ne pas oublier de
me moucher.
À mon départ de Moscou, j'ai eu le culot de lui demander son
porte-mouchoir. Je l'ai. Toujours.

La seule chose que j'avais à reprocher à ma grand-mère, c'était
de m'avoir fait couper les cheveux avant mon départ.
Les couper si court, presque me raser le crâne.
Pour que je n'attrape pas de poux en voyage !
Cette coupe ne m'allait pas du tout ! Ah ! que j'en étais gênée !

Par contre, mes souliers neufs étaient absolument parfaits.
Souliers d'été. Pâles, avec un petit air sportif, et légers comme
du papier. C'était, cette saison-là, l'unique modèle offert dans
les magasins d'État. Tous les enfants en portaient. J'en étais
très fière.

Nous sommes arrivés à Leningrad en pleine saison des nuits
blanches — le soleil ne se couchait pas.
Lointain, pâlot, il éclairait la nuit d'une lueur tamisée,
personne ne pensait à aller se coucher.

C'est là, à Leningrad, que nous avons pris le bateau qui nous a
emmenés à Liverpool. En Angleterre.

Tout ce dont je me souviens de Liverpool, c'est qu'il pleuvait à
boire debout. En courant dans les flaques d'eau pour attraper
le train pour Londres, les semelles de mes souliers neufs se
sont mises à décoller. Quand on est arrivés à Londres, mes
souliers bâillaient à grande gueule. Nous avons trouvé un
magasin de chaussures à toute vitesse où mon oncle m'a acheté
une nouvelle paire de souliers. En cuir brun foncé, solides.
Garantis pour résister aux déluges et à tout ce que vous voulez.

Mais, en sortant du magasin, qu'est-ce que je vois dans la vitrine du magasin à côté ! Un chapeau. Juste ce qu'il faut pour cacher ma coupe de cheveux. Un chapeau d'une beauté ! Comme les chapeaux des jeunes filles dans les romans de Charles Dickens. À larges bords, et ah ! avec une petite grappe de cerises, on dirait des cerises fraîches !
Je supplie mon oncle.

Nous entrons dans le magasin, mon oncle indique le chapeau au vendeur, ils parlent ensemble en anglais, puis mon oncle me dit : « Je ne peux pas t'acheter ce chapeau, il est très cher, je n'ai pas assez d'argent. Je peux t'acheter un petit béret. »
Je suis terriblement déçue.
Il y a là un petit béret rose. C'est mieux que rien. Je le mets. Je porterai ce petit béret rose tout le long du voyage. Je ne l'enlève que pour dormir. Si j'ai à me lever la nuit pour aller aux toilettes, je mets mon petit béret.

———

Nous sommes restés quelques jours à Londres — mon oncle y
avait des gens à voir.
Pendant son absence, je devais rester dans notre chambre
d'hôtel. Au cas où quelqu'un viendrait m'adresser la parole,
mon oncle m'avait appris une phrase en anglais :
« *I am Russian and I don't understand English.* »
Je l'ai bien répétée. Et j'avais hâte que quelqu'un vienne
m'adresser la parole.
Mais personne ne venait. Alors, je suis sortie dans le corridor.
Une femme passait. Je l'ai approchée et je lui ai dit ma phrase.
Elle m'a regardée d'un air consterné et s'est mise à me parler
très vite en anglais, d'un ton chargé de questions !
J'ai cru bon de rentrer dans la chambre.

Mon oncle m'a emmenée voir les pigeons à Trafalgar Square.
On y a pris une photo, mais la plupart du temps je restais
à l'hôtel. Je jouais avec ma poupée, ou je regardais par
la fenêtre…

Et, tiens ! Dans une des fenêtres de l'autre côté de la rue, il y a quelqu'un !

Malgré la distance, je crois distinguer une fille d'à peu près mon âge. Qui me regarde ? Qui semble me voir.

À tout hasard, je lui fais un petit signe de la main.

Elle me répond !

Et on parle. Avec des gestes, des mimiques.

Sans s'entendre, on s'entend !

Je suis d'une volubilité à tout casser. C'est du charabia, mais je suis sûre qu'elle pense que je parle un excellent anglais.

Je lui montre ma poupée, elle me fait voir ses nombreux jouets. À cette distance, j'ai du mal à les distinguer, mais qu'importe !

Je ne me suis pas ennuyée à Londres !

Et, dans le restaurant de l'hôtel, j'ai appris autre chose en anglais. On nous a servi un plat que je ne connaissais pas. J'ai demandé ce que c'était. Mon oncle m'a dit que ça s'appelait *cold meat*. De la viande froide. Ce n'est pas un plat dont je raffole. Néanmoins, j'ai trouvé utile d'en savoir le nom quand nous sommes arrivés à Québec…

Le paquebot transatlantique qui nous emmenait à Québec partait de Liverpool, alors nous y sommes retournés.

C'était un immense paquebot.

Son nom, écrit sur son bord en grandes lettres de l'alphabet latin, était LAURENTIC.

Et c'était écrit partout à l'intérieur : sur les assiettes, les serviettes, les chaises longues… C'est donc par ce mot que j'ai commencé à apprendre l'alphabet latin. Et la prononciation de ses lettres : L-A-U-R-E-N-T-I-C.

Première leçon. Je suis devant une affiche qui annonce la projection d'un film, j'en déchiffre les mots.

À côté de moi, une fille anglaise lit l'affiche.

« Ah ! Cinema ! » dit-elle.

Je m'empresse de la corriger :

« Kinema », lui dis-je.

Elle me regarde. *« No. Sssinema »*, dit-elle.

Voyons. Je sais, moi, que la lettre C se prononce comme dans *Laurentic,* donc « kinema ». D'autant plus qu'en russe *cinéma,* c'est *kino.* J'en démords pas : « Kinema. »

La fille anglaise dit quelque chose en anglais (quelque chose de pas très joli, je le sens) et s'en va.

Quoi, n'ai-je pas raison ?

Eh bien non. Mon oncle dit que c'est elle qui a raison !

Je ne suis pas sortie du bois…

Le *Laurentic* a accosté à Québec un vendredi soir. Je ne sais pas la date, mais je sais que c'était un vendredi soir. Parce que…
Je vais vous raconter pourquoi.

Nous sommes accueillis par des agents d'immigration.
Ils scrutent mon beau passeport rouge. Une rareté à l'époque.
L'URSS ne laissait sortir à peu près personne.

Ils le scrutent si bien qu'ils finissent par trouver quelque chose.
Quelque chose d'irrégulier.

D'après mon visa, je devais arriver au Canada sur un paquebot venant de Hambourg, en Allemagne. Or, me voici sur un paquebot venant de Liverpool, en Angleterre.

Changement d'itinéraire ? Faut que le gouvernement du Canada le sache, au cas où il y aurait anguille sous roche…

Mais c'est vendredi soir, les bureaux du gouvernement sont fermés jusqu'à lundi matin. On me mettra en détention en attendant.

Mon oncle a beau protester, il n'y a rien à faire.
Il doit me laisser là.
Me laisser là !

Les larmes me montent aux yeux. Mais mon oncle dit :
« Ты-ж пионерка. Mais tu es une *pionierka* ! »
Je ravale mes larmes aussitôt.
Il vient d'évoquer le courage des *Pionieri*.
Les *Pionieri* sont comme les scouts, mais en beaucoup plus
intense : leur idéal étant le communisme, le patriotisme et
l'héroïsme ! Et ils portent au cou un petit foulard rouge, noué
pour imiter les moustaches de Staline.
Moi, je ne suis pas encore une *pionierka*. Mais, dans ma
valise, il y a un petit foulard rouge que ma grand-mère m'a
confectionné, en prévision. Je ne pleurerai pas… non !

Me voici donc derrière les barreaux.
Je partage une chambre avec une dame. Quand je suis entrée,
elle m'a dit quelque chose en langue étrangère. Alors je lui ai
répondu : « *I am Russian and I don't understand English.* »
Elle a hoché la tête pour dire qu'elle ne comprenait pas.
Et nous ne nous sommes plus adressé la parole.

La fenêtre à barreaux de notre chambre donne sur un toit recouvert de gravier. Il pleut. Je regarde les gouttes de pluie se briser sur les petites pierres.

Nous prenons nos repas avec les autres détenus. Assis autour d'une grande table.

Je ne connais pas la langue qu'on parle, je ne connais pas les plats au menu — quand vient mon tour d'en choisir un, je dis le nom du seul plat étranger que je connaisse : « *Cold meat.* »

On est étonné, ce n'est pas au menu. On me fait signe de patienter. Et on finit par m'apporter une assiette sur laquelle gisent quelques morceaux de viande froide.

C'est encore moins ragoûtant qu'à Londres. Néanmoins, c'est ce que je mangerai à tous les repas, ne sachant pas (et surtout n'osant pas) demander autre chose…

À la fin, sans que je le demande, on m'apporte un verre de lait.

Le lendemain matin, je suis convoquée dans un tout petit bureau vitré.

Un monsieur vient me poser des questions. Il parle russe. Avec un léger accent étranger.

Nous sommes assis à une petite table, l'un en face de l'autre. Il me questionne sur ce que fait mon oncle, sur ma grand-mère, sur mes parents…

Moi, pour l'impressionner, je suis tentée d'inventer toutes
sortes de choses. Mais, en même temps, je sens qu'il cherche
quelque chose. Quelque chose pour me renvoyer en Union
soviétique, je suppose…
Eh bien, pourquoi pas ? Je m'ennuie de ma grand-mère.
Et je ne me trouve pas si bien ici…

Dimanche, j'ai de la visite.
Le gardien ouvre la grande porte à barreaux pour laisser entrer
une femme. Quelque chose dans son visage m'est familier, me
rappelle le visage de ma mère.
C'est ma tante Sonia, venue en catastrophe de Montréal.
Elle a les yeux rougis de larmes. Elle me demande si je veux
quelque chose, n'importe quoi.
Je pense longuement à ce que je pourrais lui demander.
Je me souviens du chapeau avec la petite grappe de cerises
dans la vitrine à Londres. Je lui demande des cerises.

Ce n'est pas encore le temps des cerises. Mais ma tante part et revient après un bon moment en me tendant un petit sac en papier brun. Dans le sac, il y a des cerises fraîches.
Aujourd'hui, ce souvenir de ma tante m'émeut aux larmes.
Mais, dans le temps, je me souviens d'une petite déception.
Les cerises n'étaient pas aussi délicieuses que j'avais imaginé…

Avant de partir, ma tante me remet une lettre de ma grand-mère. Quel bonheur ! Je pars vite la lire.
Lundi matin, le bureau du gouvernement déclare le changement de mon itinéraire parfaitement légitime.
Mon itinéraire, conçu par les autorités soviétiques, était différent de l'itinéraire inscrit dans le passeport canadien de mon oncle, qui était venu à Moscou expressément pour m'emmener au Canada.

On m'a libérée sur-le-champ.
On m'a conduite à la gare et confiée au conducteur du train pour Montréal.
Il m'a fait monter dans un wagon et il m'a indiqué une place.
Entre deux religieuses.

En Union soviétique, les religieuses étaient très mal vues.
Tout le monde savait que la religion est « l'opium du peuple ».
J'avais vu des images de religieuses dans des livres — en leurs
bonnets étranges et pèlerines médiévales.
Je les ai tout de suite reconnues.
Assise entre elles, j'éprouvais des sentiments contradictoires.
Je ne me sentais pas menacée, je sentais leur bienveillance.
Tout de même, je n'osais pas trop bouger.

Finalement, le conducteur a annoncé Montréal.
Et quand le train s'est arrêté, il m'a souri et m'a fait signe de le
suivre. Ce que j'ai fait allègrement.

À la descente du train, sur le quai, m'attendaient ma tante et
mon oncle. Et le reste de ma vie.

Ma très aimée, chère petite-fille Kimotchka ! Ce matin, ta précieuse lettre m'a réjouie et déjà je m'empresse, ma chérie, de te répondre...

19/4 37 Москва

Моя любимая дорогая
деточка Кимочка!

Сегодня утром меня обрадова-
ло твое драгоценное письмо
и я даже спешу тебе милая
ответить чтобы успокоить тебя
относительно моего здоровья
правда я сквозь пишу несколько
ибо я даже здорова и ведь была
больна воспалением легких
но теперь уже беспокоиться
не надо. Потому что я уже
поправляюсь надеюсь что ско-
ро совсем выздоровею.
Я очень рада что ты милая
чувствуешь себя хорошо и
бодрой надеюсь что и в школе

2.
Pantoufles

Je suis arrivée de Russie à Montréal par une chaude journée du début d'été.

Je portais des souliers anglais. Lourds, solides. Souliers que mon oncle m'avait achetés à Londres pour remplacer mes souliers russes qui s'étaient désintégrés sous la pluie.

Alors, le lendemain de mon arrivée, ma tante Sonia m'a emmenée au grand magasin Eaton's pour m'acheter des souliers plus de saison.

Dans les magasins de Moscou, il n'y avait qu'un modèle de souliers, parfois deux. Quand il y avait des souliers…

Mais là! Je n'en croyais pas mes yeux. Tant de souliers!

De toutes les sortes!

Ma tante m'a acheté des sandales, et nous allons partir quand… Qu'est-ce que je vois !

Des souliers en satin noir étincelant avec une bordure de plumes diaphanes couleur arc-en-ciel ! Des souliers comme… dans les contes de fées !

C'est le coup de foudre.

« Ce sont des pantoufles ! dit ma tante en russe. Это шлёпанцы ! » Et j'entends une sorte de dérision dans sa voix qui me fait comprendre que c'est pas pour les petites filles. Puis elle me regarde… Et elle me les achète.

Je sais maintenant à quel point c'était magnanime.

À l'époque, les femmes médecins n'étaient pas encore bien acceptées, ma tante n'était pas riche. Quant à ces pantoufles, on les appelait « des mules de poule de luxe ».

D'ailleurs, ma tante a vite regretté son geste. Mes pantoufles semaient leurs plumes diaphanes partout dans la maison. Et chaque fois qu'elle se penchait pour en ramasser une, je l'entendais jurer tout bas : « Чёрт побери ! Que le diable l'emporte ! »

Petit épilogue.

Un demi-siècle plus tard. Je suis sur la scène du Théâtre du Nouveau Monde, je joue dans la pièce *Six personnages en quête d'auteur,* de Luigi Pirandello. J'ai un petit rôle superbe, la tenancière de bordel, Madame Pace.

Le metteur en scène est André Brassard et c'est Mérédith Caron qui a dessiné mon costume — un châle extravagant, des bijoux à outrance…

À la générale, André dit à Mérédith qu'il aimerait que Madame Pace porte des pantoufles.

Un souvenir remonte… Je le raconte à Mérédith…

Le soir de la première, Madame Pace est en pantoufles. Pantoufles de satin noir étincelant, ornées de plumes diaphanes couleur arc-en-ciel.

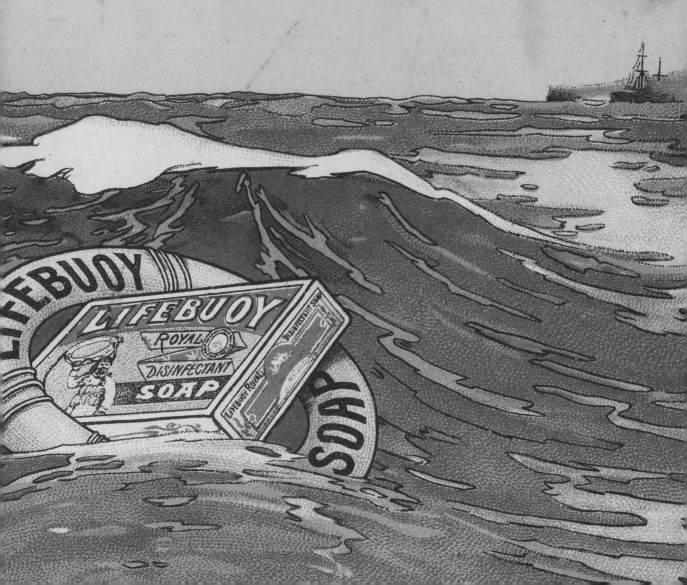

3.
Le bon côté

À l'âge de dix ans, arrivant de l'Union soviétique, je savais bien que le plus important dans la vie, c'était d'être du bon côté.

Dans ma Russie communiste natale, ceux qui étaient du bon côté vénéraient le camarade Staline, le communisme, Lénine, tout ça. Ceux qui n'étaient pas du bon côté, on les mettait en prison. En tout cas, on ne les aimait pas.
Ils n'avaient pas d'amis.

Moi et mes amis, on était tous du bon côté.
On se promenait, on jouait, on se racontait des histoires.
Mes amis venaient chez nous, j'allais chez eux…

Dans les assemblées, on chantait notre bel hymne révolutionnaire, *L'Internationale,* on scandait avec ardeur notre slogan préféré, « Prolétaires de tous les pays, unissez-vous ! »…

En Russie soviétique de mon enfance, on savait que les communistes étaient les « bons », et les capitalistes, les « méchants ».

En arrivant ici, quelle consternation d'entendre le contraire.
Lénine, Staline, tout ça — ce n'était pas bien vu…
Même qu'on me disait de pas trop en parler. C'était blessant.
Et inquiétant.
Alors qu'est-ce qui était bien vu ici ? Il fallait le savoir pour être du bon côté ! Pour… pour être aimée…
Ne sachant comment poser cette délicate question, j'étais troublée. Et aux aguets.

———

Je vivais à Montréal chez ma tante et mon oncle en milieu anglophone. En prévision de mon entrée à l'école anglaise, mon oncle me montrait à lire dans un petit livre pour enfants, *Jack and Jill,* que je trouvais simplet, moi qui lisais en russe Maïakovski et Pouchkine.

Les réclames publicitaires m'intéressaient beaucoup plus. En Union soviétique, la publicité étant du domaine de l'État, on ne voyait que des images qui vantaient les mérites de notre régime : portraits de nos dirigeants, ou de travailleurs et travailleuses exemplaires des *kolkhozes* (fermes collectives), ou d'enfants heureux dans les *Dietski Dom*.

Mais ici la publicité vantait les mérites de toutes sortes de choses : crème glacée, cigarettes, couches pour bébés.

Et un jour je tombe sur une publicité qui se révèle tout à fait instructive.

Une publicité en bande dessinée de quatre images :

Première image : Une jeune femme triste regarde par la fenêtre. Elle voit une jeune femme radieuse rejoindre un beau jeune homme au volant d'une voiture décapotable.

Deuxième image : La jeune femme radieuse est chez la jeune femme triste. Elle lui parle à l'oreille. Ce qu'elle lui dit nous est dévoilé par un petit nuage qui sort de ses lèvres. Dans le nuage, il y a un savon d'une vive couleur magenta. Inscrit sur le savon est le mot LIFEBUOY. En anglais, le mot signifie « bouée de sauvetage ».

L'image suivante : La jeune femme triste prend sa douche. On la devine à travers l'épais rideau, mais dans sa main, clairement visible, on aperçoit le savon magenta LIFEBUOY.

Dernière image : La jeune femme qui était triste est radieuse ! Elle sort de chez elle au bras d'un beau jeune homme ! Une joyeuse bande d'amis l'acclame.

Eurêka !
Voilà la réponse à la troublante question que je ne savais poser.

Et, ô bonheur ! chez nous, dans notre salle de bains, sur le lavabo, gît le même savon magenta LIFEBUOY. Il proclame au monde entier que ma tante, mon oncle et moi, nous sommes tous du bon côté !
À partir de ce jour, les enfants que j'invitais chez moi, potentiels amis, devaient d'abord passer par la salle de bains, où notre savon était bien en vue. Il avait une vilaine odeur antiseptique, et, à vrai dire, je ne l'aimais pas beaucoup.
Mais, il n'y a rien de parfait…

Tout de même, j'allais bientôt trouver mieux.
À l'approche de l'hiver, dans les réclames publicitaires est apparu un personnage qui m'a semblé avoir beaucoup plus d'importance que le savon LIFEBUOY. Personnage au sourire jovial, à barbe blanche, bedonnant, en costume rouge. On l'appelait Santa Claus.

Et le voici, en chair et en os, arrivé en grande parade.
Paraît-il que le soir de Noël, il va descendre dans les cheminées
avec des cadeaux pour des enfants sages.
Je ne vois pas comment cela est possible. Mais personne ne
semble en douter. Petits et grands, tout le monde l'aime, tout
le monde en parle. À la radio, il est de toutes les chansons.
Dans l'une d'elles, je reconnais quelque chose de familier…

> *You better watch out, you better not cry!*
> *Better not pout! I'm telling you why:*
> *Santa Claus is coming to town.*

> Vous êtes mieux de vous surveiller, de ne pas pleurer
> Ni bouder
> Gare aux bêtises : Santa Claus arrive !
> Il vous voit quand vous dormez,
> Il vous voit toute la journée.

Ah… je comprends. Santa Claus est comme Staline.
Staline, lui aussi, savait tout et voyait tout !

Et un souvenir trouble surgit.

Le régime communiste russe nous interdisait de croire en Dieu, et, étant du bon côté, je n'y croyais pas, bien sûr.

Mais, un soir, il m'est venu une pensée tout à fait inattendue : et si Dieu existe, malgré tout… Et tout de suite la panique ! Que viens-je de penser ? Staline, qui voit tout et qui lit dans nos pensées… Il va envoyer des soldats me chercher !

Je les attendais, le cœur serré.

Je ne sais pas si c'est ce souvenir qui m'a motivée, ou mon ardent désir d'être du bon côté, mais cette chanson m'a inspirée. Et j'ai écrit une pièce.

Le scénario : Une petite fille désobéissante s'en donne à cœur joie à n'en faire qu'à sa guise. Le soir de Noël, elle accroche son bas à la tablette de la cheminée, sûre que Santa Claus le remplira de cadeaux.

Mais, c'était bien prévisible, son bas est resté vide.

So, you better watch out, mes petits camarades !

L'institutrice de ma classe de quatrième année m'a permis de présenter ma pièce dans la classe.
J'ai persuadé deux filles de tenir les rôles des enfants sages.
Moi, je jouais la fille intraitable, et à la fin, nous chantions ensemble *Santa Claus Is Coming to Town!*

Je pense bien que c'est dans le feu de l'action, en me débattant avec des problèmes de mise en scène, en répétant avec des actrices réticentes et dans l'euphorie générale du jeu, oui, je pense bien que c'est là que j'ai enfin arrêté de me soucier d'être du bon côté.

THÉÂTRE À CIEL OUVERT

4.
Genèse

Une stalle du petit restaurant, rue Saint-Denis.
Nous y sommes assis, tous les quatre.
Petite troupe de théâtre en devenir.
Théâtre pour enfants.
Je ne voulais pas être comédienne. Ni jouer pour les enfants.
Mais me voici. Sereine. Et, oui, enthousiaste !

Moi, mon rêve, c'était la danse.
J'allais assidûment aux classes de ballet moderne de la très
inspirante danseuse et chorégraphe Elizabeth Leese.
Comme détente, j'allais danser des danses folkloriques avec un
petit groupe sympathique de l'Ordre de Bon Temps.
On participait à des veillées où on chantait les chansons de
folklore que j'aimais tant.

Puis, un jour, l'âme dirigeante du groupe, Guy Messier, a
ajouté à ce programme un jeu théâtral.
Je ne voulais pas y prendre part, ça ne m'intéressait pas. Mais
j'étais curieuse d'y voir faire mes camarades.

Le jeu s'appelait : Le théâtre à travers les âges.
Il s'agissait d'une scène, toujours la même, vue à différentes
époques — chez les Cro-Magnon, en Grèce antique, au Moyen
Âge, et ainsi de suite. Une scène aux mêmes deux répliques.
Un protagoniste demande : « As-tu vu le chapeau vert de ma
belle-mère sur le grand peuplier vert ? »
L'autre répond : « Non, je n'ai pas vu le chapeau vert de ta
belle-mère sur le grand peuplier vert. »
Mais, en changeant d'époque, les protagonistes
devaient modifier leur comportement, sinon devenir
complètement autres.

En les regardant, des idées drôles, extravagantes me venaient
je ne sais d'où ! J'interrompais sans cesse mes camarades pour
les leur proposer.
Jusqu'à ce qu'ils me disent de me taire, qu'ils me disent :
« Viens jouer avec nous si tu veux, mais arrête de nous dire
quoi faire. »
C'est ce que j'ai fait.
J'ai fini par y jouer une dizaine de personnages.

Ah, jouer… Inventer ses émotions, ses rythmes, ses mouve-
ments, son physique, sa voix.
Me voilà une autre. Plus assurée, plus affirmée que moi.
Plus entière. Plus centrée. Propulsée vers… vers où il n'y a pas
de limites. Vers où le monde m'attend, vers où il rit, applaudit
et en veut davantage !

Tous, nous jouions avec plaisir, avec enthousiasme.
En deux secondes, en y ajoutant un quelque chose, nos
collants noirs se transformaient en costumes d'une
autre époque.
Nous chantions, nous dansions. C'était tout un spectacle !
On nous invitait à le jouer partout : salles paroissiales,
théâtres…

Puis nous avons reçu une demande spéciale.

À Montréal, à cette époque, il n'y avait pas grand-chose pour les enfants. Depuis qu'un feu avait ravagé un cinéma où il y avait un grand nombre d'enfants dans l'assistance, on ne les admettait plus au cinéma. Il n'y avait pas encore de télévision, et la seule compagnie de théâtre qui donnait des spectacles pour enfants venait de se dissoudre. Tous les samedis matin, les enfants venaient cogner aux portes fermées de leur théâtre.

L'aumônier de ce théâtre, ayant vu notre spectacle, a demandé à Guy de monter une pièce pour enfants. Guy a dit oui, et il s'est mis à la recherche d'un texte.

Moi, j'ai dit non. Du texte ! Apprendre tant de mots…
Des mots qui parfois s'adressaient aux enfants comme s'ils n'étaient pas assez intelligents pour comprendre qu'on s'adressait à eux comme s'ils n'étaient pas intelligents ? Non !
Et puis, moi, je veux danser…

Le reste du groupe étant tout aussi réticent, Guy nous
propose quelque chose de différent : que chacun s'invente un
personnage, à partir de quoi on inventera, ensemble, une pièce
pour enfants. Telle qu'on la voudra…
Ça, c'est une autre paire de manches. Ça m'intéresse.
Je pourrais y inventer un personnage qui danse…

Nous sommes trois à trouver la proposition attirante.
Henriette Major, André Loiseau et moi. Avec Guy, nous
serons quatre. Il nous demande de penser au personnage que
nous aimerions jouer, et nous donne rendez-vous le lendemain
au petit restaurant de la rue Saint-Denis.

Pour penser à mon personnage, je me mets à la place de
l'enfant que j'ai été. Quel personnage aimerais-je voir
sur scène ?
Et tout de suite, je le sais. Je veux voir une poupée.
Petite, j'en avais voulu une. Tellement. Mais mes parents
croyaient que jouer à la poupée empêchait les petites filles
de devenir courageuses et fortes.
Eh bien là, je vais voir sur scène, devant moi, s'accomplir ce
désir ardent : je vais voir une poupée. Une poupée qui marche,
qui parle… et qui danse, par-dessus le marché !

Le lendemain, au restaurant, nous présentons nos
personnages. Nous faisons le tour de la table. Guy commence.
Il dit : « Je serai un clown. Je m'appellerai Fafouin. »
Henriette dit : « Je serai une horloge grand-mère. Je
m'appellerai Gudule. »
André dit : « Je serai un pirate. Je m'appellerai Maboule. »
Et c'est mon tour. Je dis : « Je serai une poupée ! »
Je n'avais pas pensé comment je m'appellerais…

Mais un mot me saute à l'esprit,
un mot que je ne connais pas très bien,
je ne suis pas sûre de ce que ça veut dire, mais je le devine,
j'aime, surtout, comment ça sonne,
alors je dis : « Je m'appellerai Fanfreluche. »

Et la vie aventureuse
de la poupée Fanfreluche
a commencé.

5.

Écrire Fanfreluche

J'adorais écrire les textes pour mon émission *Fanfreluche*.
Chaque fois, c'était une aventure, source de découvertes.
Moments de pur bonheur. Mais aussi de désespoir.
Car tout à coup — impasse. Rien ne marche.
Je rebrousse chemin, tourne en rond — quelle angoisse ! —
avant de trouver la solution miracle.

Et puis, le beau défi : la date d'échéance !
À cette époque, je jouais beaucoup au théâtre.
J'avais beau écrire pendant les entractes, chez le coiffeur,
il m'arrivait de remettre mes textes aux réalisateurs avec un
léger retard…

Et une fois mon texte était si en retard que j'ai dû promettre de venir le lire à l'équipe de production réunie pour travailler sur ses décors, costumes, tout ça…

La réunion était prévue le lundi à neuf heures.
Mon texte enfin terminé dimanche après-midi, je téléphone à la réalisatrice, Micheline Latulippe, pour la rassurer.
Et pour la mettre au courant du texte, dont je suis pas mal fière.
C'est un conte. Il y a une princesse, un chevalier, un roi et un perroquet. Un perroquet savant. Qui est le conseiller du roi.
Ce perroquet tombe malade. On fait venir le médecin.
— Attends, dit Micheline, ça fait cinq personnages ! Notre budget n'en permet que quatre. Quatre comédiens maximum.
— Oui, je dis, mais le cinquième n'est qu'un perroquet, une marionnette !
— Cela exige un comédien pour en faire la voix. Il faut couper un personnage, dit Micheline.
Elle suggère de couper le médecin.
— Le médecin ? Un personnage si important !

Il n'y a pas à discuter.

Je coupe le médecin. Et, forcément, toutes les scènes où il paraît. Ça raccourcit le texte de dix minutes. Faut l'allonger. J'ai beau chercher comment, j'en ai aucune idée…

La nuit tombe, je m'endors. Je bois du café. Aucun effet. J'avais entendu que, pour stimuler le cerveau, éclaircir ses idées, il est bon de se mettre debout sur la tête… Je l'essaye. Je fais de mon mieux. Aucun effet.

Je sors sur mon balcon, je prends de grandes respirations. Là, la seule nouvelle idée qui me vient, c'est de me jeter en bas pour en finir avec cette insupportable angoisse.

Je rentre.

Il est deux heures du matin, je suis épuisée. Je me couche.

Et je dors.

Un cri me réveille. Un cri dans ma tête : Despinetta !
J'ouvre les yeux. Quoi, qu'est-ce que c'est ? Despinetta ?
Et je m'en souviens ! Despina, Despinetta ! La petite bonne
espiègle dans l'opéra *Così fan tutte,* de Mozart. Despinetta, la
joueuse de tours, qui se déguise en savant médecin !

Je saute du lit et je me mets au travail.
Le savant médecin, ce sera Fanfreluche. Avec une grosse
barbe, de grandes lunettes, en longue toge.
Oh ! elle s'enfarge dans sa toge !
Ah ! elle perd ses lunettes !
I-i-iii ! sa barbe ne tient pas en place !
Un drame se prépare…
Et une fin heureuse.
Je n'arrive pas à écrire assez vite !

À neuf heures du matin, je suis à Radio-Canada et je lis mon
texte à l'équipe de production.

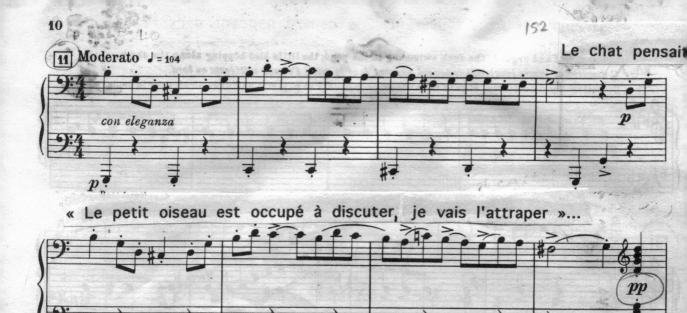

11 Moderato ♩ = 104

Le chat pensait

con eleganza

« Le petit oiseau est occupé à discuter, je vais l'attraper »...

et sans faire de bruit,   en catimini,

il s'approcha   sur les pattes de velours.

12

Cl.

(pizz.)

6.
Concert

Ma première narration de *Pierre et le Loup* a failli être un désastre.
C'était au Festival de Lanaudière. Célébrant le centenaire du compositeur russe Sergueï Prokofiev, l'Orchestre métropolitain jouait ses œuvres. On m'a proposé la narration de son conte musical, *Pierre et le Loup*.

J'en ai écouté plusieurs versions sur disque, en russe et en traduction française. Puisant dans les meilleures traductions, j'ai construit ma narration en y ajoutant une ou deux petites touches de mon cru. Minimes. (Par exemple : quand le chat, voulant attraper l'oiseau, s'en approche à pas feutrés, je n'ai pu m'empêcher d'ajouter l'expression « en catimini », où se cache le mot anglais *cat*.)

Mon texte bien collé dans la partition musicale, je l'ai répété
avec la pianiste-répétitrice jusqu'à ce que mes mots fassent
partie de la musique.
Et voici le jour du concert.
La répétition avec l'orchestre a lieu sur la fameuse scène à
ciel ouvert.
Ah ! Devant cet espace infini, devant l'immensité du ciel, je
sens une liberté… sans limites.

Je suis
la vaste prairie verte du conte
j'en suis l'oiseau
je suis le Petit Pierre
son bougon grand-père
le chat
et le canard
que le loup attrape et n'en fait qu'une bouchée !
Je suis un lasso que Petit Pierre descen-en-en-end,
et hop ! l'attrapeur est attrapé !
Je suis la cadence des pas
des chasseurs qui sortent du bois
et en grande finale
je suis la marche triomphale !

Fin de la répétition. Je descends dans ma loge.
Le temps de m'habiller, de me maquiller, et c'est le concert.

On donne *Pierre et le Loup* après la *Symphonie classique*.
J'en entends déjà le premier mouvement, *Allegro*.
Je me prépare à remonter, je cherche ma partition.
Voyons… où est-elle ?

Le deuxième mouvement, *Larghetto*.
Ma partition.
L'ai-je laissée sur mon lutrin en haut ?
Peut-être…
Je remonte quatre à quatre.

Elle n'est pas là.
Mon cœur se serre.
Je redescends dans ma loge.

Que faire ?
Je ne connais pas le texte par cœur,
ni mes entrées dans la musique,
qui sont d'une précision…

Le troisième mouvement !
Je dois y aller. Sans partition.
Comme devant un peloton d'exécution.

Dans le miroir, un visage aux joues rouges me dévisage.
Je ne peux me présenter comme ça.
Je prends ma trousse de maquillage
et la voici en dessous. Ma partition.

Le dernier mouvement, *Molto vivace*.
Mais je suis calme. Comme si de rien n'était.
Je mets un peu de poudre sur mon visage.
J'ai juste le temps de remonter.

Je ne me souviens pas grand-chose de tout le reste.
Je pense que ça a bien été,
mais pas aussi bien, ah non, pas aussi bien
qu'à la répétition avec l'orchestre !

7.

Tournée

―――――

Faire la narration de *Pierre et le Loup*, faire partie de cette merveilleuse musique, de ce grand orchestre symphonique, quel bonheur!

Mais j'apprends que des enfants ont la mine triste après l'écoute de ce conte. Il y en a même qui pleurent…
Pourquoi?… Après cette triomphale parade qui accompagne Petit Pierre qui a capturé le loup féroce?

Eh oui. Car la fin du conte dit :
« Si vous écoutez attentivement, vous entendrez le canard caqueter dans le ventre du loup… Car le loup l'avait avalé vivant. »
Et on l'entend. Une pitoyable petite voix, jouée par le hautbois.
Pauvre canard. Les enfants ont de la peine. Ça se comprend.

Alors je pense à quelque chose.
Et si j'ajoutais, tout à la fin :
« Mais dans son ventre le canard bouge,
cela chatouille le loup, il rit, ouvrant gra-ha-hand sa gueule...
Et le canard s'envole ! »
Oui. C'est ce que j'y ajouterai la prochaine fois.

La « prochaine fois », ce sera en tournée.
Avec l'Orchestre symphonique d'Abitibi-Témiscamingue.
Son chef est le sympathique Jacques Marchand.
Je lui fais part de ma trouvaille.
Il est d'accord, à condition que je puisse placer ma phrase dans
le très court moment *pianissimo* avant le *crescendo* du finale.
À la répétition avec l'orchestre, je l'essaye...
Et ça marche ! À merveille ! (Je soupçonne Jacques Marchand
d'avoir fait durer son *pianissimo* un tantinet plus longtemps.)

Nous partons en tournée.
Notre grand autobus part de Rouyn-Noranda.
Mais il n'y a à bord que le chef d'orchestre, une violoniste
et moi.
Où sont tous les autres ?
Les musiciens de l'orchestre habitent un peu partout dans la
région, nous allons les prendre chemin faisant.

On est en plein hiver. Parfois l'autobus s'arrête au milieu d'un
grand champ tout blanc. Le chauffeur ouvre la porte
et une immense contrebasse monte.
Un peu plus loin, c'est un basson. Un autre arrêt, un cor.
Plus loin — un violoncelle…
Quand on arrive à notre destination, l'orchestre est
au complet.

Plusieurs œuvres sont au programme du concert.
Pierre et le Loup est la dernière. Et quand, au finale, le pauvre
canard s'envole, les enfants tapent des pieds et des mains, et
tout le monde est bien content !

Tout de même, je crois que j'avais tort d'ajouter ce *happy end*. Car tout en étant fantaisiste, ce conte est réaliste. Et moral. Et politique. Prokofiev l'a écrit à son retour en Union soviétique. Son Petit Pierre est membre des *Pionieri* : jeunesse communiste. Sa débrouillardise, son héroïsme font contraste avec l'immobilisme du grand-père et la balourdise du pauvre canard qui sort de ses gonds avec le résultat qu'on connaît.

Et puis, que les enfants versent des larmes en éprouvant de la compassion, ce n'est pas mauvais. Le conte de Prokofiev est parfait.

Enfin, presque…

Dans ce conte, il y a quelque chose qui me chicote.

Après avoir capturé le loup, Pierre demande qu'on l'aide à l'amener au jardin zoologique. Je n'aime pas qu'un animal passe sa vie dans une cage. J'en fais part à Jacques Marchand. Et il me dit qu'ici, en Abitibi, il y a un refuge pour les animaux sauvages. Le Refuge Pageau. Des hectares et des hectares de forêt, où les loups, les ours, les caribous vivent en toute liberté… Eh bien !

Au concert suivant, Petit Pierre demande qu'on l'aide à amener le loup au Refuge Pageau.
Le public applaudit !
Ainsi qu'aux concerts à Ville-Marie, à Palmarolle, à Val-Paradis, et surtout à Amos, où se trouve le fameux refuge.
Après le concert, on nous invite à le visiter.

J'ai rencontré beaucoup de loups dans les contes.
Maintenant je vais en rencontrer des vrais.
Mais le directeur du refuge, Monsieur Pageau, doute que nous pourrions voir les loups à cette heure-ci, « entre chien et loup », l'heure du coucher de leurs petits.
Tout de même, il lance un appel au loin, un beau son étrange, et tend l'oreille, attendant une réponse.
Silence.

Il appelle à nouveau.

Nous écoutons tous le long silence.

Monsieur Pageau hoche la tête, il regrette…

Et tout à coup, au loin, à peine audibles,

plusieurs voix,

des hautes, des basses, un son très doux : « Ou ou ou ou ou… »

Monsieur Pageau sourit. Les loups consentent à

nous accueillir.

Il nous fait signe de le suivre dans un étroit sentier de la forêt.

De chaque côté du sentier, il y a une haute clôture grillagée.

C'est donc nous qui nous trouvons dans une cage !

Une longue, longue cage sans fin à travers la forêt…

La neige y est profonde, on s'enfonce à chaque pas, on écarte des branches qui nous fouettent le visage.
On marche longtemps.

Enfin, de l'autre côté de la grille, entre les arbres, au loin, il y a du mouvement.
Deux loups viennent vers nous. Deux grands loups.
Deux loups superbes. Le chef de la meute et sa femelle.
Ils viennent au grillage et nous regardent. Un regard calme, noble, indépendant, intelligent
et tendre.
Oui, tout ça ensemble.

Monsieur Pageau les salue avec affection.

Il ouvre une porte dans le grillage et entre dans leur domaine.

« Mais je ne leur tourne pas le dos », nous dit-il.

La femelle se rapproche. La lueur dans ses yeux !

Indicible.

La voir de si près est émouvant.

« Bonsoir, Loupette, dit Monsieur Pageau, comment ça va ? »

Je veux tant lui parler, moi aussi : « Loupette, je dis,

Loupette… »

La louve tourne la tête, elle me regarde.

Je suis émue aux larmes.

8.
Théâtre

On m'a raconté que j'ai manifesté le désir de venir au monde alors que ma mère assistait à une pièce de théâtre. Est-ce que c'est la scène, tel un champ magnétique, qui agissait ainsi sur moi ? Est-ce que je savais, déjà, que mon corps, mes poumons, étaient constitués pour vivre en ce lieu ? Dans cet espace-là, en respirant cet air-là ?

Le fait est que, bien des années plus tard, quand je me trouverai sur scène, quasi par hasard, je me sentirai chez moi. Chez moi, enfin !

Chez moi comme nulle part ailleurs. En ce lieu exaltant.
Qui m'imposera la liberté, constamment mise au défi.
Où toutes mes faiblesses seront exposées.
Où la beauté, la grandeur, me seront quelquefois prêtées
pour un instant.
Chez moi.
En ce lieu qui, plus que tout autre, me servira de temple.
Lieu d'immolation, d'offrande, de grâce reçue.

Est-ce que je le savais, tout ça, avant de naître ?

Fin de partie, Beckett

Les Chaises, Ionesco, avec Luc Durand

La Maison de Bernarda Alba, García Lorca

La Mouette, Tchékhov, avec Paul Savoie

Dessin de François Barbeau pour *Lysistrata,* de Michel Tremblay d'après Aristophane

9.
Pourquoi Tchékhov?

Pendant longtemps, les pièces de Tchékhov m'ont laissée perplexe. Bien qu'on y parle beaucoup, je ne voyais pas ce qu'elles voulaient nous dire.

Puis, un soir…

Je jouais dans *Les Trois Sœurs*. Au Théâtre-Club, un tout petit théâtre. Et c'est là que le miracle s'est produit.

À l'entracte, cherchant à me concentrer sur le drame au prochain acte, au lieu de regagner notre petite loge commune bruyante, je suis restée sur scène à rideau fermé. Retirée dans un coin, pour ne pas nuire aux machinistes qui changeaient le décor, j'essayais de me concentrer.

Mais pas moyen. Autour de moi on déplace des murs, on déroule des tapis, on court à gauche et à droite avec des accessoires — chandeliers, paravents, un samovar… Et au milieu de tout ce brouhaha, voici un acteur (un p'tit vieux bedonnant, pas très bon acteur). Il fait les cent pas en répétant son texte. Murmurant un mot par-ci par-là, il cherche un passage au travers des objets hétéroclites qui encombrent la scène et, bien sûr, il entre en collision avec les machinistes. Ah ! Tous s'énervent, se marchent sur les pieds, c'est ridicule. C'est drôle ! C'est triste.

Et tout à coup je sens une telle compassion, une telle tendresse pour ce pauvre comédien. Pour son acharnement, son manque de talent, sa maladresse…

Et pour ces machinistes, pour moi, pour nous tous, pris dans cet engrenage… sans pouvoir nous en extirper.

Et mes yeux se remplissent de larmes.

Et je me dis : mais c'est ça. C'est ça, c'est ça, Tchékhov !

C'est de quoi il parle dans ses pièces.

C'est de ça que ses pièces sont faites.

De cette compassion, cette dérision, cette tendresse.

À partir de cet événement, je me suis intéressée sérieusement à Tchékhov. Tellement, qu'à la question « Pourquoi Tchékhov ? », je peux répondre : parce que c'est l'auteur dramatique que je connais le mieux. J'ai lu de ses nouvelles, de ses lettres, j'ai joué dans presque toutes ses pièces, j'en ai travaillé avec des étudiants…

Mais, pour y répondre plus à fond, j'aimerais parler de la réplique de sa pièce *La Mouette,* réplique qui continue à me parler. Réplique de Nina, personnage de jeune actrice : « Je suis une mouette… Non, ce n'est pas ça. »
Paroles énigmatiques. D'une poésie insolite…
Les uns les trouvent romantiques,
d'autres disent que c'est du délire.
Moi, je dis que c'est un dialogue avec soi-même,
comme « *To be or not to be* », de Shakespeare.

Nina vit une tragédie.
Son enfant est mort. L'homme qu'elle aime l'a trahie.
Elle se souvient d'une mouette — une mouette qu'on a tuée et laissée là, abandonnée.
Elle dit : « Je suis une mouette… »

Mais Nina sait qui elle est.
Elle est actrice. Elle est passionnée de son art,
Sur scène elle vit des moments d'extase…
Une mouette tuée, non, ce n'est pas ça !
Elle va livrer combat à cette stérile pitié de soi.

Et Tchékhov dit dans une de ses lettres que le personnage
profondément autobiographique dans son théâtre, c'est Nina,
« la mouette », qui se fraye un chemin dans l'existence en dépit
de tous les obstacles.

Il a souvent parlé des difficultés énormes qu'il a dû surmonter,
dès son enfance et tout au long de sa vie.
Cette réplique,
serait-ce le genre de dialogue avec soi-même qu'il a tenu
pour devenir l'homme qu'il est devenu :
médecin, écrivain, Tchékhov ?

TCHÉKHOV

Collage et mise en scène de Kim Yaroshevskaya

(Tchékhov par lui-même)

10.

Un moment de grâce

Je jouais Grand-mère dans l'émission *Passe-Partout*.
Je portais un tablier, un châle, une perruque blanche.
Je m'assoyais dans une chaise berçante
et je racontais un conte, une histoire.

Quand dans le studio
le régisseur criait : « Silence ! »,
tout le monde se taisait,
tous les bruits cessaient,
le réalisateur disait : « Action »,
et je disais : « Il était une fois… »

Parfois, pour varier l'ambiance,
le tournage se faisait ailleurs.
Dans un parc, par exemple,
où le régisseur avait beau crier : « Silence ! »,
on entendait au loin les enfants qui jouent au ballon,
un avion qui passe, ou un camion. Pas grave…

Mais, une fois,
le tournage se faisait à la campagne. Dans une ferme.
Où il y avait des oies.
Ah ! de belles oies blanches !
Mais quelles voix ! Désagréables, discordantes, fortes.
Faut pas les entendre pendant que je raconte.
J'en parle au réalisateur.

Pour m'éloigner des oies, il me place devant une clôture.
Une clôture en piquets de bois !
Les oies, de l'autre côté, je les vois, je continue à les entendre.
Et déjà, c'est le tournage. Le régisseur crie : « Silence ! »
et le réalisateur dit : « Action. »

Moi, j'aime mon conte. Je l'ai beaucoup raconté,
c'est un de mes préférés.
Je ne vais pas laisser les oies me le gâter.
Je vais le raconter comme s'il n'existait au monde
que ce conte, et rien d'autre.

De ma plus belle voix je dis : « Il était une fois… »
et je raconte. Comme si je le lisais pour la première fois.
Comme si je découvrais ces mots, ces phrases.

Et en effet, j'y découvre des nuances
qui auparavant m'avaient échappé !
J'y trouve des rythmes nouveaux,
de nouveaux sens : des merveilles…
Je raconte avec fougue, avec aisance. Ah !

Au théâtre… Au théâtre, ça s'appelle « un moment de grâce ».
Un moment rare.
Quand, tout à coup, les entraves
s'effacent.
Tout devient simple, facile, léger,
on n'a qu'à lâcher prise. On est porté…

Et quand cette Mystérieuse Grâce passe,
tout le monde en est touché.
Le public dans la salle
cesse de bouger, cesse de tousser, il écoute,
le souffle coupé.

Et, justement, je me rends compte
d'un silence ici pendant que je raconte.
Mais où sont passées les oies…
On les a fait rentrer ou quoi…
(Et tout en continuant à raconter,
je jette un p'tit coup d'œil derrière moi.)

J'en reste bouche bée !

Les oies derrière la clôture
tendent leurs longs cous vers moi entre les piquets de bois,
elles m'écoutent !

Je n'en reviens pas.
Elles écoutent le conte…
J'en tombe muette d'étonnement.

Je les regarde.
Elles me regardent.
Nous nous regardons un bon moment.
Puis elles se remettent à jacasser de leur voix tonitruante.
On dirait qu'elles me chicanent
et c'est la débandade, elles partent.
Vite, je retrouve le fil de mon histoire.

Mais, trop tard. Mon auditoire s'est éloigné.
M'ayant laissé une image privilégiée.
Une image inoubliable
d'une écoute
que je n'aurais pas crue
si je ne l'avais pas vue de mes yeux vue.

МИГЕЛЬ ДЕ СЕРВАНТЕС СААВЕДРА

ХИТРОУМНЫЙ ИДАЛЬГО

ДОН КИХОТ

ЛАМАНЧСКИЙ

ПЕРЕВОД
ПОД РЕДАКЦИЕЙ
И С ВСТУП. СТАТЬЯМИ
Б. А. КРЖЕВСКОГО
и А. А. СМИРНОВА,
ВВЕДЕНИЕ
П. И. НОВИЦКОГО,
67 ИЛЛЮСТРАЦИЙ

ТОМ
ПЕРВЫЙ

11.
Raconteuse

Quand, petite fille, je vivais à Moscou avec ma grand-mère, j'étais loin de réaliser que notre humble demeure abritait la caverne d'Ali Baba.

Je fouillais quotidiennement dans ses trésors, y puisant à mon insu de quoi nourrir mon imagination pour le restant de mes jours.

On voit mieux avec l'œil de la mémoire, et je le sais bien maintenant — la caverne aux trésors, c'était la bibliothèque, héritage de mon père.

Meuble d'imposante dimension, la bibliothèque trônait chez nous en tant que cloison : séparant en deux l'unique pièce où nous habitions. Du côté mur de la bibliothèque, derrière un paravent, il y avait le grand lit de ma grand-mère et mon petit lit à moi. De l'autre côté, face aux livres, un lit recouvert d'une étoffe rouge brique nous servait de divan.

La plupart des livres, bien tassés sur les tablettes, n'avaient pas d'intérêt pour moi. Livres aux titres comme *Matérialisme dialectique* et *Économie politique,* aux pages jaunies, sans aucune illustration.

Mais il y avait un rayon de livres exprès pour moi. Livres que mon père avait achetés en prévision de quand je saurais lire. *La Vie des animaux* en trois grands tomes pleins de photos, des œuvres de Maïakovski, mais aussi, en russe : *Don Quichotte, Les Trois Mousquetaires, Les Mille et Une Nuits,* tous en édition de luxe, avec d'éblouissantes illustrations protégées par du papier de soie.

Ma grand-mère, jugeant que j'étais trop jeune pour lire certaines choses, avait relégué quelques livres à la plus haute tablette, hors de mon atteinte. Pensait-elle. Cela m'obligeait à de redoutables escalades.

Je lisais tout. Sans toujours comprendre, mais toujours captivée.

Puis je racontais des passages à mes copines.

Leur faisant croire que je connaissais personnellement ceux qui vivaient ces incroyables aventures.

Le plaisir de voir mes copines m'écouter, bouche bée !

Je n'avais pas autant de succès auprès de ma grand-mère, elle connaissait les livres que je lisais.

Mais, sage grand-mère, ne voulant pas brimer une imagination en croissance, elle ne questionnait jamais la véracité de mes histoires. Elle m'écoutait avec intérêt, mais j'aurais tant aimé qu'elle en soit un peu impressionnée.

Puis, un jour, je lui ai raconté une histoire qui a eu des conséquences.

Je venais de lire une très belle scène dans un roman de Charles Dickens, une scène où une jeune fille, sous le coup d'une émotion, s'évanouit.

Et cet évanouissement est d'une telle grâce ! Je suis éblouie. Par la beauté, l'harmonie, l'élégance de ce geste. Et par la sollicitude qu'il provoque chez son entourage...

Inspirée, je dis à ma grand-mère :

— Baboussia, je me suis évanouie.

— Quand ? dit ma grand-mère, jetant un coup d'œil sur mon livre.

— Aujourd'hui, je dis. À l'école...

Et je lui raconte une histoire que j'invente à mesure.

Je m'attendais à une réaction comme celle de l'entourage de la jeune fille. Ma grand-mère m'écoute avec son intérêt habituel, rien de plus.

Mais l'évanouissement continue à m'inspirer.
Et le lendemain, en arrivant de l'école, je dis à ma grand-mère que je me suis encore évanouie. Et je raconte la sollicitude de l'institutrice, l'émoi des élèves…
Ma grand-mère m'écoute avec son calme imperturbable.

Quelques jours plus tard, au rendez-vous de ma grand-mère à la clinique, où j'avais l'habitude de l'accompagner, quelle surprise !

Le médecin, qui ne m'adressait jamais la parole, me dit :

— Paraît-il que tu t'es évanouie…

— Oui ! je dis, bien fière.

Fière d'abord qu'on me croie capable de quelque chose de si beau, de si élégant.

Et fière aussi d'avoir tout de même impressionné ma grand-mère.

— Et dis-moi, poursuit le médecin, quand tu t'es évanouie, t'es-tu mordu la langue ?

Mordu la langue ? J'étais insultée. Moi, je lui parle d'un geste infiniment gracieux ! et lui ?

Non, je ne me suis pas « mordu la langue » ! Quelle idée !

J'ignorais que cela pouvait être le symptôme d'une grave maladie, et combien cela a pu inquiéter ma pauvre grand-mère ! Elle qui avait déjà tant de soucis.

Les temps étaient très durs en Russie. On manquait de nourriture.

Tandis qu'en Amérique, pays d'abondance, vivaient mes grands-parents maternels. Ils nous aidaient : tous les mois, ils nous envoyaient des dollars américains.

Cela nous donnait accès au magasin Торгсин *(Torgsine)*, magasin où on ne payait qu'en devises étrangères.

Dans ce magasin, il y avait de tout — dans tous les autres magasins, il n'y avait presque rien…

Et mes grands-parents en Amérique voulaient que je vienne vivre avec eux. Ma grand-mère, avec qui je vivais, ne voulait pas que je parte. Elle ne voulait pas que je quitte ceux que j'aimais et qui m'aimaient, que je quitte mon pays.

*Chers grand-mère et grand-père. J'ai reçu votre lettre et j'en
étais très heureuse. Avec votre argent, ma grand-mère m'a acheté
un tricot et du tissu de laine pour une robe. Etc.*

*Chers grand-mère et grand-père. Écrivez-moi comment vous
vivez. Comment avez-vous célébré la fête de la Révolution
d'octobre ? Écrivez-moi ce qui vous vient à la tête. J'aimerais
beaucoup savoir ce qui se passe maintenant en Amérique et,
je le répète, écrivez-moi ce qui vous vient à la tête. Je voudrais
beaucoup vous voir.*

VENEZ EN URSS sans faute !

En URSS, c'est mieux.

*Je vous embrasse fort fort votre
Kim Yaroshevskaya*

10 Ноября 1931 года.

Дорогие бабушка и дедушка. Я получила ваш ваше письмо и очень обрадовалась же за ваше письмо. Мне бабушка на ваши деньги купила взеную кофту и теплую мате рз для платя. и Т. Д.

Дорогие бабушка и дедушка. Напишите мне как вам живется? Как вы провели праздник октяборьской революции? Вы напишите мне чтовам придет в гол. Мне очень хочится знать что сейчас в Америке повторяю напишите что придет вам в голову. Я очень хочу вас видеть. Приеджайте в С.С.С.Р. обязательно в С.С.С.Р. получше. целую вас крепко крепко ваша Ким Ярошевская.

Привет от бабушки.

Mais voici que, peu après l'incident à la clinique, elle me demande si j'aimerais aller en Amérique.

Oui, je sais, je sais qu'il y avait des raisons graves pour qu'elle me pose cette question.

D'abord, las de la prier et de la supplier de me laisser partir, mes grands-parents menaçaient de ne plus nous aider si on ne leur envoyait pas leur petite-fille.

Et puis ma grand-mère était malade. De plus en plus…

Et qu'allait-il advenir de moi, sa petite-fille, si elle mourait…

Je sais tout cela. Je le sais.

Néanmoins… j'ai toujours soupçonné (avec un petit sentiment de *mea culpa,* car je n'ai jamais avoué l'avoir inventée) que ma petite histoire d'évanouissements était pour quelque chose dans ce dénouement,

traçant un chemin invisible

que j'avais à suivre.

Et je suis partie…

avec ma poupée, que ma mère m'avait donnée

un mois avant sa mort,

et mes livres, héritage de mon père,

mort avant que je ne sache les lire,

mes biens

qui se sont révélés une source inépuisable d'inspiration.

Et je suis portée à me demander :
est-ce possible,
est-ce vraiment possible
que ce qui est arrivé
soit arrivé comme dans les contes de fées ?
« Des parents, morts d'une mort prématurée,
laissent à leur enfant esseulée un talisman,
quelque chose pour en faire sa vie,
et la joie de sa vie, ainsi que celle des autres. »
J'ose à peine le croire,
mais on dirait que c'est ce qui s'est produit.

Sources iconographiques

Tous les documents iconographiques qui ne sont pas mentionnés ci-dessous proviennent des archives personnelles de l'auteur.

Table des matières

Crédits et remerciements

Les Éditions du Boréal remercient le Conseil des arts du Canada ainsi que le gouvernement du Canada pour leur soutien financier.

Canada

Les Éditions du Boréal sont inscrites au Programme d'aide aux entreprises du livre et de l'édition spécialisée de la SODEC et bénéficient du Programme de crédit d'impôt pour l'édition de livres du gouvernement du Québec.

Québec

Couverture : © Tous droits réservés.
Photographies en quatrième de couverture (de gauche à droite) : Kim Yaroshevskaya, enfant, © tous droits réservés ; Fanfreluche, © Archives Radio-Canada ; Kim Yaroshevskaya avec l'orchestre, © Michel Pinault.

Ce livre a été imprimé sur du papier contenant 30 % de
fibres postconsommation, fabriqué à partir d'énergie biogaz,
traité sans chlore et certifié FSC et ÉcoLogo.

ACHEVÉ D'IMPRIMER EN NOVEMBRE 2017
SUR LES PRESSES DE L'IMPRIMERIE FRIESENS
À ALTONA (MANITOBA).